NOTICE

SUR

Mlle VICTOIRE BOILLETOT

PAR

M. L'ABBÉ BRIFFAUT

curé de Bussières-les-Belmont

LANGRES

IMPRIMERIE ET LIBRAIRIE FIRMIN DANGIEN

3, rue de-l'Homme-Sauvage, 3

1878

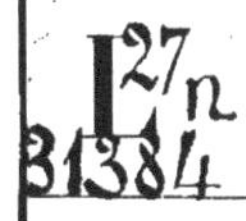

NOTICE

SUR

Mlle VICTOIRE BOILLETOT

APPROBATION

Nous avons lu la Notice historique sur Mademoiselle Victoire Boilletot, écrite par M. l'abbé Briffaut, curé de Bussières-les-Belmont, et nous permettons de l'imprimer. La lecture de ces pages produira, nous n'en doutons point, des fruits de salut, et nous sommes heureux d'espérer en même temps qu'elles contribueront à perpétuer le souvenir des grandes vertus et des saintes œuvres d'une âme si digne de louange et de bénédiction.

Langres, le 22 novembre 1878.

† GUILLAUME-MARIE-FRÉDÉRIC,

Evêque de Langres.

NOTICE

SUR

Mlle VICTOIRE BOILLETOT

PAR

M. L'ABBÉ BRIFFAUT

curé de Bussières-les-Belmont

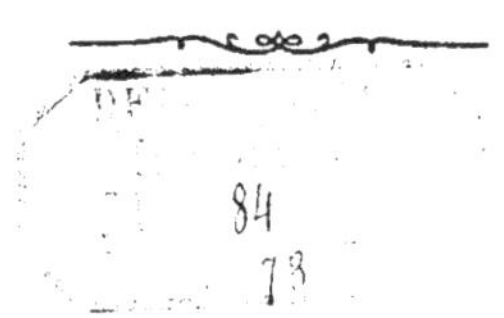

LANGRES

IMPRIMERIE ET LIBRAIRIE FIRMIN DANGIEN

3, rue de l'Homme-Sauvage, 3

1878

AVANT-PROPOS

Au mois de novembre 1877, Mlle Victoire Boilletot s'endormit dans la paix du Seigneur. Durant sa longue et modeste existence, elle avait pratiqué d'une manière étonnante les conseils évangéliques et répandu autour d'elle la bonne odeur des vertus chrétiennes. Elle était le modèle respecté et la généreuse bienfaitrice de la paroisse de Vicq.

Désirant conserver le souvenir de cette belle vie et perpétuer l'édification qu'elle produisait, M. le curé me pria d'en écrire les traits principaux. Il me fournit de précieux renseignements.

La tâche était ardue; car on ne met pas aisément en relief une figure qui a pris soin de se soustraire aux regards des hommes. Néanmoins j'acceptai la proposition : le sentiment de la reconnaissance m'en faisait un devoir.

Je vais donc essayer de montrer au lecteur cette âme si humble, si mortifiée, si sainte, que, depuis quarante ans, je saluais de mon admiration sympathique.

I

Premières années.

Marie-Victoire, la troisième des enfants de Nicolas-Justin Boilletot et de Catherine Roy, naquit à Fayl-Billot, le 27 avril 1804. Le jour suivant, elle reçut le baptême des mains du vénérable Mammès Viard, curé de cette paroisse. Le parrain fut son oncle, Marie-François Boilletot, résidant à Navarre près Evreux, et la marraine, sa tante, Anne-Victoire Boilletot, demeurant à Vicq, représentée par sœur Marie-Anne Thiébaut, hospitalière de Saint-Charles.

Elle passa les années de son enfance au foyer domestique, où elle apprit les premières vérités de la foi. On l'envoya à l'école et au catéchisme avec les petites filles de son âge. Plus tard, on la mit en pension à Langres, chez les dames du Saint-Enfant Jésus. Elle resta aussi quelque temps à Bourbonne. Puis elle vint habiter Vicq, pays de ses ancêtres paternels et où ses parents s'étaient fixés définitivement.

La jeune Victoire avait une nature vive, une

humeur gaie; elle aimait beaucoup à s'amuser, à jouer avec ses compagnes.

A l'époque de sa première communion, elle devint plus sérieuse. Instruite et bien élevée, elle remplit pieusement, pendant son adolescence, les devoirs ordinaires de la vie chrétienne.

Comme ses parents étaient relativement riches, elle pouvait contenter ses goûts de toilette. Mais, tout en suivant les modes adoptées par les personnes de sa condition, elle sut garder une sage mesure.

Si d'un côté le monde lui souriait, de l'autre le Seigneur l'appelait d'une voix douce et forte. Une circonstance ménagée par la bonté divine la détacha complètement des joies du siècle et l'entraîna vers le ciel.

II

Conversion.

M. Pelletier, curé de Vicq, obtint pour sa paroisse une mission, donnée par quatre vaillants apôtres du diocèse, MM. Janny, Favrel, Thomas et Prudent. Elle s'ouvrit le jour de la

Présentation de la très-sainte Vierge, 21 novembre 1824, et dura jusqu'à la fête de Noël. On ne saurait s'imaginer l'empressement des fidèles à écouter la parole de Dieu et à s'approcher des tribunaux de la Pénitence. L'impulsion vers le bien fut très-remarquable, et le résultat, fort satisfaisant. Beaucoup de pécheurs quittèrent les voies de l'iniquité; quant aux justes, ils s'affermirent dans les bonnes habitudes.

Mlle Boilletot, qui avait alors vingt ans et huit mois, fut émue jusque dans les profondeurs de son âme. La grâce éclaira son esprit et embrasa son cœur; une transformation s'opéra dans ses pensées, ses désirs, ses affections. Convaincue du néant des choses humaines et de la nécessité du salut, elle prit la résolution d'appartenir désormais uniquement au céleste époux. Elle voulut être chaste, pieuse, obéissante, douce, humble, charitable, mortifiée. Puis, sans tarder, avec l'ardeur de la jeunesse et la générosité de son caractère, elle s'élança sur le chemin de la perfection pour y marcher d'un pas ferme et ne s'en écarter jamais. Elle répondait ainsi à la divine invitation : « Soyez parfaits comme notre Père céleste est parfait (1); » elle pouvait répéter la parole du Psalmiste : « J'ai dit : maintenant

(1) *Estote perfecti sicut Pater vester cœlestis perfectus est.* (Matt. v. 48.)

je suis à l'œuvre; ce changement vient de la droite du Très-Haut (1). »

Dans sa première ferveur, gémissant sur les concessions qu'elle avait faites à la vanité et à la coquetterie, elle brûla ceux de ses vêtements qu'elle trouvait luxueux. « Oh! la folle! disait son père; demain elle en achètera d'autres. » Cet acte énergique révélait sa résolution bien arrêtée de pratiquer la modestie et la simplicité. A partir de ce moment, elle s'habilla comme les femmes pauvres, portant une robe vulgaire, un bonnet froncé, appelé béguin, un mouchoir de couleur brune ou noire, un tablier de fil ou de coton. Elle verra d'un œil d'indifférence, quelquefois de pitié, toutes les modes qui se succéderont pendant un demi-siècle; son costume restera toujours le même.

Au mois de juillet 1825, les missionnaires raparurent dans la paroisse pour la revue; puis Mgr d'Orcet administra la confirmation et bénit la grande croix placée sur le cimetière. Ces saintes cérémonies, ces prédications donnèrent un nouvel élan à la piété de Mlle Victoire. Elle se retrempa encore dans la ferveur, en allant entendre les mêmes orateurs à Coiffy-le-Bas en octobre suivant et pendant le carême de 1826.

(1) *Et dixi : nunc cœpi; hæc mutatio dexteræ Excelsi* (Psal. LXXVI, 10).

III

Exercices de piété.

Une personne qui veut se sanctifier estime singulièrement les exercices de piété ; elle est exacte à s'en acquitter et appliquée à les bien faire. Telle était Mlle Boilletot.

Elle se levait longtemps avant le jour, afin de vaquer, dans le calme de la nuit, à la prière vocale et mentale. Agenouillée, souvent sans appui, sur le plancher de sa chambre, elle se livrait à l'oraison. Dans cette conversation intime avec Dieu, son âme s'enrichissait de biens spirituels et éprouvait de douces jouissances. Après sa méditation, elle récitait les diverses prières des nombreuses confréries auxquelles elle appartenait. Ces exercices du matin duraient quelques heures.

Dès l'aurore elle arrivait à l'église et se préparait à assister au saint sacrifice. Elle entendait toutes les messes célébrées en la paroisse. Remplie de l'amour le plus dévoué envers Jésus-Hostie, elle avait le bonheur de communier, d'abord chaque dimanche, plus tard tous les jours. C'était là qu'elle trouvait la force. Son action de grâces était longue et ardente.

Dans la soirée, la bonne fille ne manquait pas d'aller faire sa visite au Très-Saint-Sacrement, pour offrir à l'hôte divin du tabernacle, que tant de chrétiens oublient, ses devoirs d'adoration, de remerciement, de réparation et de demande. Elle suppliait le Dieu de justice de redevenir le Dieu de miséricorde. Quelquefois, après une première station, elle sortait de l'église pour aller prier sur le cimetière qui l'environnait, à la place où ses parents étaient inhumés, puis elle rentrait pour visiter la sainte Vierge et réciter en son honneur le chapelet. Elle éprouvait du plaisir à répéter le *Pater,* l'*Ave* et le *Gloria Patri.*

Le chemin de la croix était une de ses grandes dévotions; elle en parcourait les stations tous les jours, matin ou soir, même dans la saison rigoureuse. Elle possédait un crucifix indulgencié pour le faire à domicile, quand elle était malade. Ayant appris à lire le beau livre de la croix, elle y trouvait ses délices et tendait énergiquement à la parfaite union avec son divin Sauveur crucifié.

Elle aimait beaucoup les associations de piété, à cause des avantages qu'elles procurent et des précieuses indulgences qui y sont attachées. Elle était membre de l'Archiconfrérie réparatrice des blasphèmes et de la profanation du dimanche, des confréries du Sacré-Cœur de Jésus, du Rosaire, du Scapulaire, de la Bonne mort, de l'Archiconfrérie de Notre-Dame des Victoires, dont elle lisait régulièrement le bulletin pour s'édifier.

Sa confiance en la sainte Vierge était illimitée. Elle invoquait souvent aussi saint Joseph, son ange gardien et sa patronne.

Elle avait une vrâie dévotion à Pie IX, l'auguste chef de l'Eglise, et comptait sur ses prières pour le salut de notre patrie. « La France, disait-elle, ne pourra pas périr, tant que le Souverain Pontife intercédera en sa faveur. »

Deux ou trois ans avant sa mort, elle voulut faire partie du Tiers Ordre de la Pénitence de saint François d'Assise, d'abord comme novice, puis comme professe, sous le nom de sœur Marie-Thérèse. Elle suivit de point en point la règle des tertiaires, qui lui imposait de nouvelles prières.

La journée de la servante de Dieu se terminait par l'examen de conscience, la prière du soir, la lecture de piété et la préparation de l'oraison du lendemain. Elle avait l'habitude de prendre son repos de bonne heure, et, comme souvent elle ne dormait pas, elle s'entretenait avec Dieu une partie de la nuit. On peut donc dire qu'elle mettait en pratique la recommandation de prier sans cesse (1).

IV.

Mortification.

« Si quelqu'un veut venir après moi, dit le Sauveur, qu'il se renonce lui-même, qu'il porte sa croix tous les jours et me suive (2). Ceux qui sont à Jésus-Christ, ajoute l'apôtre saint Paul, ont crucifié leur chair avec ses vices et ses convoitises (3). »

La vie chrétienne dans son développement et sa perfection n'est que l'immolation de la nature par la grâce. Mourir au monde et à soi-même, « toujours et à toute heure, dans les petites choses comme dans les grandes » (4), tel est le secret des vertus héroïques et de la vraie sainteté.

(1) *Sine intermissione orate.* (1 Thessal. v, 17.)

(2) *Si quis vult venire post me, abneget semetipsum, et tollat crucem suam quotidie et sequatur me.* (Luc. IX, 23.)

(3) *Qui autem sunt Christi, carnem suam crucifixerunt cum vitiis et concupiscentiis.* (Ad Gal. v, 24.)

(4) Imit. lib. 3, cap. 37.

Cet esprit de sacrifice, qu'on rencontre si rarement aujourd'hui, se manifesta dans la conduite de Mademoiselle Victoire. Sans goûter les douceurs du cloître, elle pratiquait, comme une religieuse, la chasteté, l'obéissance et la pauvreté.

Elle cultivait avec un soin spécial la belle fleur de la virginité, objet particulier des affections du céleste époux, et l'alimentait au moyen de la sainte communion. Afin de la conserver intacte, elle lui avait donné trois gardiennes bien fidèles : la vigilance, la générosité, l'humilité.

Elle veillait sur son cœur, sur son imagination, sur ses sens. On remarquait en elle une douce gravité, une prudente modestie, qui lui conciliaient l'estime et le respect de tous.

Un cilice affligea sa chair, jusqu'à ce que les infirmités de l'âge l'obligeassent à le déposer.

N'ayant aucune estime d'elle-même, elle fuyait les honneurs et affectionnait les humiliations.

Elle obéissait ponctuellement aux préceptes divins et ecclésiastiques, aux conseils de l'Evangile, aux inspirations de la grâce, aux ordres et aux avis de son pasteur et de son directeur. Pendant longtemps elle ne se présenta à la sainte table que revêtue du mouchoir blanc de mousseline, déclaré obligatoire à l'époque de la mission. En 1869, M. le curé ayant engagé les filles de la paroisse à s'habiller de blanc pour les processions, les fêtes de la sainte Vierge, etc., Mademoiselle Boilletot, qui avait alors soixante-cinq ans, fit confectionner une robe de cette couleur. Sa docilité était complète. Aussi, sous la conduite de MM. Pelletier, Favrel, Raby, Pelletier et Bresson, très-dignes curés de Vicq, sous celle de M. Sauvage, curé de Damrémont, à qui elle s'adressa pendant quelque temps, elle s'éleva chaque jour de vertu en vertu. Le renoncement à la volonté propre est une condition de progrès moral. « L'homme obéissant, dit l'Ecriture, racontera sa victoire (1). »

La fervente chrétienne, comprenant et goûtant cette parole de Notre-Seigneur : Bienheureux ceux qui ont l'esprit de pauvreté (2), détacha entièrement son cœur des choses terrestres. Il est vrai qu'elle prenait soin de ses intérêts temporels ; mais c'était uniquement par habitude d'ordre, d'économie, et dans le but de pouvoir donner davantage.

Elle était pauvre dans son ameublement, ne remplaçant aucun des objets usés ou brisés, et se privant de beaucoup de choses utiles, même nécessaires.

Elle était pauvre dans ses habits, dont la

(1) *Vir obediens loquetur victoriam.* (Prov. XXI, 28.)
(2) *Beati pauperes spiritu.* (Mat. V, 3.)

forme ne varia pas depuis 1826. Elle portait longtemps le même vêtement, et le raccommodait autant qu'il était possible. A la maison, elle avait parfois l'extérieur d'une indigente. Quand elle sortait, sa mise était toujours fort modeste. Si on lui parlait de sa grande simplicité, elle répondait très-humblement qu'il lui fallait réparer le mal qu'elle aurait pu occasionner dans sa jeunesse.

Elle pratiquait la pauvreté surtout dans sa nourriture. Tant que ses parents vécurent, elle n'eut pas, sous ce rapport, toute sa liberté d'action. Madame Boilletot avait quitté ce monde dès 1829; M. Boilletot, maire de Vicq, mourut en 1840. Mademoiselle Victoire, restant seule avec une domestique, poussa la mortification jusqu'à l'héroïsme.

Malgré la faiblesse de sa santé, elle observait rigoureusement les jeûnes prescrits par l'Eglise; de plus elle avait fait vœu de jeûner au moins une fois par semaine. Ce vœu fut, dans ses dernières années, commué en sept *Gloria Patri*, qu'elle devait ajouter à l'*Angelus*, le matin, à midi et le soir.

Elle se privait de tout ce qui aurait pu flatter son goût. Ainsi, par esprit de pénitence, elle ne mangeait pas d'asperges, qui eussent été pour elle un mets très agréable.

La viande, les œufs et le beurre ne firent point,

pendant plusieurs années, partie de son alimentation. Elle vivait de pain, de fruits, d'herbes et de racines. Pommes de terre, carottes, non pelées, feuilles d'épinard, de betterave, de chicorée, etc., cuites à l'eau, souvent sans sel et broyées avec du son, telle était sa nourriture quotidienne, qu'elle avait soin de soustraire aux regards des étrangers. Ce mélange, préparé et conservé pour plusieurs jours dans une casserole de fonte, était froid, noir et rance. Quelle austérité! Quelle énergie de volonté pour habituer le corps à un pareil régime! Ne fallait-il pas avoir l'amour, la passion des saints pour la mortification ?

Son directeur voulut que, dans sa vieillesse, elle mangeât de la viande et bût du vin, pour soutenir ses forces défaillantes. Par obéissance, elle se procura, chaque semaine, à partir de 1872, ordinairement un demi-kilogramme de foie de mouton ou de veau, et usa d'eau légèrement sucrée ou d'une boisson faite de mauvais raisins à moitié pourris.

Quelques branches mortes, ramassées sous les arbres de son jardin, suffisaient à la cuisson de ses chétifs aliments. Elle achetait un peu de braise, et allumait sa chaufferette au moyen de feuilles sèches, récoltées en automne. Point d'autre combustible ! Jamais de feu, même dans les rigueurs de l'hiver!

Souvent, par suite d'une mauvaise digestion, elle passait les nuits sans sommeil. Quand elle avait prié, elle tricotait, au lit, dans l'obscurité. Pendant le jour, elle était appliquée, sauf le temps que prenaient les exercices de piété, à un travail manuel, au lavage de son linge, à l'entretien de sa maison, à la culture de son potager, à l'arrosement de quelques fleurs, à la cueillette et au soin des fruits qu'elle voulait garder.

V.

Œuvres de charité.

On lit dans l'Evangile : « Vous aimerez le Seigneur votre Dieu de tout votre cœur, de toute votre âme, de tout votre esprit...; vous aimerez votre prochain comme vous même (1). »

Mademoiselle Victoire accomplit fidèlement ce double précepte de la charité.

L'amour de Dieu était le motif et la fin de ses

(1) *Diliges Dominum Deum tuum ex toto corde tuo, et in totâ animâ tuâ, et in totâ mente tuâ... Diliges proximum tuum sicut teipsum.* (Matth. xx, 37, 39.)

pensées, de ses désirs, de ses paroles, de ses affections et de ses actions. Pour lui elle s'oubliait, se renonçait, se sacrifiait. Elle aimait Dieu, écrit un de ses directeurs, autant qu'il est possible de l'aimer ici-bas. Elle pouvait s'écrier avec le Psalmiste : « Qu'y a-t-il pour moi dans le ciel, et qu'ai-je voulu sur la terre, sinon vous, ô Dieu de mon cœur? » (1) « On ne sera heureux, disait-elle, que quand on sera près du bon Dieu... Je voudrais bien que ce soit aujourd'hui! »

Elle avait une vive horreur du péché, qui offense tant la Majesté Infinie; elle le détestait souverainement.

Son cœur renfermait aussi une vraie charité envers le prochain et un grand zèle pour le salut des âmes.

Dans ses conversations, elle ne s'occupait point des défauts d'autrui ; elle ne disait de mal de personne. Quand elle entendait blâmer quelqu'un, elle avait soin de répondre immédiatement : « Il faut prier pour lui... Que Dieu le convertisse! »

Les pauvres étaient ses amis. Elle ne manquait pas de leur faire des aumônes. Lorsqu'elle avait cueilli les fruits de son jardin, elle leur en

(1) *Quid mihi est in cœlo? et à te quid volui super terram?... Deus cordis mei.* (Psal. LXXII, 24.)

distribuait une partie. S'ils venaient acheter quelque chose, elle ne recevait que la moitié du prix ordinaire. Quand ils étaient alités, elle leur portait du sucre, des raisins, des poires ou d'autres douceurs.

Elle visitait les malades pour les consoler, les exhorter à la patience, les engager à se confesser, et leur promettait le secours de ses prières.

La conversion des pécheurs était l'un des principaux objets de sa sollicitude. Elle implorait souvent en leur faveur la divine miséricorde, et comptait beaucoup sur l'intercession de la Reine du ciel pour leur obtenir des grâces de pardon et de retour au bien. Voilà pourquoi elle voulût fonder, dans la paroisse, la confrérie du Saint-Cœur de Marie, affiliée à l'archiconfrérie de Notre-Dame des Victoires, dont le but est de ramener à Dieu les âmes égarées.

Une personne qui lui était spécialement chère vivait malheureusement dans l'oubli de ses devoirs de chrétien. C'était pour Mlle Victoire une peine profonde; car elle l'aimait tendrement. Elle priait pour cette âme égarée ; elle lui procurait et lui faisait lire de bons livres. Voyant que, devenu malade, ce pécheur ne voulait pas entendre parler de confession, elle redoubla ses instances, le recommanda aux prières de plusieurs personnes et lui envoya un prêtre, qui, après quelques entretiens, changea ses dispositions, le détermina à faire l'aveu de ses fautes et le prépara à bien mourir. La nouvelle de cette conversion remplit de joie le cœur de Mademoiselle Boilletot.

La sainte fille était dévouée au soulagement de l'Eglise souffrante. Elle adressait à Dieu d'ardentes supplications pour les fidèles trépassés. Elle déposa toutes ses œuvres satisfactoires personnelles et les suffrages qui lui seraient appliqués après sa mort, dans les mains de la très-sainte Vierge, afin que cette tendre Mère les distribuât, selon son gré, aux âmes du Purgatoire qu'elle voudrait délivrer de leurs peines. Après avoir fait cet *Acte héroïque* de charité, Mademoiselle Victoire, qui, chaque jour, communiait, visitait l'église et y priait aux intentions du Souverain Pontife, pouvait gagner quotidiennement pour les défunts une indulgence plénière et obtenir ainsi à un grand nombre d'âmes le bonheur d'entrer plus promptement dans le lieu du rafraîchissement, de la lumière et de la paix.

Ses sympathies étaient acquises au bien pratiqué dans la paroisse et dans le voisinage. Elle donnait généreusement aux quêtes, favorisait l'Etablissement de Malroy, aidait les séminaristes, apportait sa pierre aux édifices religieux, notamment à la chapelle de *Frillouse,* à l'église et au presbytère de Damrémont.

Mais son œuvre spéciale, la plus chère à son

cœur, celle qui était la passion de sa vie, ce fut la décoration et la reconstruction de la maison de Dieu.

La fervente chrétienne commença par vendre ses bijoux pour acheter des garnitures d'autels. Plus tard, elle fournit des linges, aubes, ornements, vases sacrés, chandeliers, candélabres, fleurs artificielles, etc., un tableau sur toile représentant Notre-Dame des Victoires, un beau lustre et une grande partie du luminaire pour l'autel de Marie. Elle contribua aussi à l'acquisition d'un chemin de croix, et donna un capital devant porter rente pour la création d'un vicariat, autorisé par décision ministérielle du 28 avril 1854.

L'église de Vicq se trouvait insuffisante pour la population et une partie menaçait ruine. Mademoiselle Boilletot comprit qu'un autre édifice était nécessaire. Pendant longtemps elle fit des économies et s'imposa des privations dans le but d'amasser une plus grande somme en faveur d'un projet si important et dont l'exécution était de nécessité urgente. Elle versa environ vingt-cinq mille francs, et paya en outre la chaire à prêcher, ainsi qu'un vitrail représentant la sainte Vierge, saint Pierre, sainte Thérèse et saint Nicolas, patron de son père. Cette pieuse libéralité, à laquelle se joignirent les ressources provenant des habitants, de la fabrique, de la commune et de l'Etat, détermina la construction d'une nouvelle église, en 1869. A cause de la guerre (1870-71), elle ne fut terminée qu'en 1876. Mgr Bouange, évêque de Langres, la consacra solennellement, le 20 août 1878, sous le vocable de saint Julien, martyr.

Notre bienfaitrice perdit son unique nièce le 15 juin 1877. N'ayant plus que des cousins riches et à des dégrés éloignés, elle légua par testament olographe tout ce qu'elle possédait à la fabrique de Vicq, la chargeant de pourvoir aux frais de sa sépulture, de faire célébrer mille messes pour le repos de son âme et de celles de ses parents, et de distribuer aux pauvres de la paroisse ses vêtements et son linge. Par cette disposition, elle témoignait la volonté de continuer après sa mort, autant qu'il lui était possible, l'œuvre qui avait été l'objet de son dévouement pendant les années de son pèlerinage sur la terre.

VI.

Mort et funérailles.

Depuis longtemps la sainte fille désirait la mort, non pour ne plus souffrir, mais pour être avec Dieu dans le Paradis. Ses austérités l'avaient affaiblie. Elle fut atteinte d'un catarrhe et d'une pulmonie qui détruisirent en quelques jours le reste de ses forces. Alors elle s'inquiétait de ne pouvoir plus se livrer à ses exercices de piété. Toujours mortifiée, elle ne voulait pas qu'on appelât le médecin et qu'on lui donnât des remèdes. Mais, lorsqu'on le lui eût commandé, elle obéit et se résigna. Elle montra une admirable patience dans ses douleurs. Elle reçut avec une foi vive et une grande édification les sacrements de Pénitence, d'Eucharistie, d'Extrême-Onction, l'indulgence plénière et la bénédiction papale. Quand on récita les prières de l'agonie, elle y prit part, non de la voix, mais du cœur et des lèvres. Pour se préparer à la mort, elle dit une oraison qu'elle avait apprise, et recommanda aux personnes qui l'environnaient, de faire pour elle le chemin de la croix après son trépas. Ses derniers instants furent calmes comme l'avait été sa vie. Dans la nuit qui suivit la fête de sainte Catherine, elle expira doucement et sans effort, à quatre heures du matin, au moment même où elle avait coutume de se lever pour s'entretenir avec le Seigneur. L'âme, en se retirant, laissa sur le corps amaigri de la servante de Dieu l'empreinte de sa pureté. C'était le 26 novembre 1877.

Deux jours après, le mercredi 28, Vicq lui fit

de magnifiques funérailles. Le chœur de l'église était tendu de noir. On lisait sur quatre grands écussons ces paroles appropriées à la circonstance : *Domine, dilexi decorem domûs tuæ*, Seigneur, j'ai aimé la beauté de votre maison; *In memoriâ æternâ erit justus*, La mémoire du juste sera éternelle; *Miseremini meî, miseremini meî*, Ayez pitié de moi, ayez pitié de moi; *Pie Jesu Domine, dona ei requiem*. O Bon Seigneur Jésus, donnez-lui le repos. Le cortége se composait de toutes les filles de la paroisse vêtues de blanc et tenant des cierges allumés, d'un grand nombre de femmes, des parents et amis, des membres du conseil de fabrique et de huit prêtres. Le cercueil était couvert de couronnes et d'un drap mortuaire préparé par la défunte et devant servir désormais aux enterrements des filles de la confrérie du Saint-Cœur de Marie. M. le doyen de Varennes, accompagné d'un diacre et d'un sous-diacre, célébra un service solennel pendant lequel il y eut plusieurs messes. Ensuite le cortége funèbre se dirigea vers le cimetière nouveau, où l'on déposa dans une place distinguée le corps de Mademoiselle Victoire Boilletot.

C'était plutôt un triomphe qu'une cérémonie funèbre. L'éloge de celle qui venait de sortir de ce monde était dans toutes les bouches. On priait pour elle, mais on était porté à l'invoquer. Chacun disait : « Si celle-là n'est pas en Paradis, personne ne peut espérer d'y aller. » Tant d'actes de vertu, tant de bonnes œuvres l'avaient précédée devant le Seigneur !

CONCLUSION.

Mademoiselle Victoire Boilletot ayant été le modèle et la bienfaitrice de la paroisse de Vicq, les habitants ont à remplir envers elle un double devoir : Se souvenir et imiter.

Qu'ils se souviennent des services qu'elle leur a rendus, en sacrifiant ce qu'elle possédait pour embellissement de l'église, en attirant par ses prières et ses austérités les bénédictions célestes, en édifiant par la sainteté de sa vie! Les bienfaits excitent la reconnaissance, qui est la mémoire du cœur.

Qu'ils imitent les vertus dont cette âme généreuse leur a donné l'exemple! Que les jeunes filles surtout, renonçant aux vanités du siècle, affectionnent, comme elle, et pratiquent fidèlement la simplicité, la modestie, la pureté, l'humilité, l'obéissance, la piété, la charité! En marchant ici-bas sur les traces des saints, on se rend digne de les suivre dans la gloire du ciel.

TABLE

—

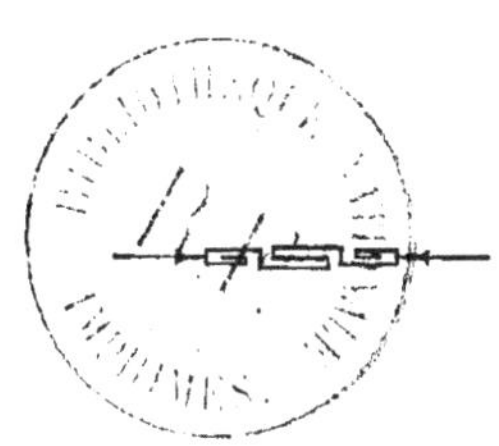

LANGRES. — IMP. FIRMIN DANGIEN.

www.ingramcontent.com/pod-product-compliance
Ingram Content Group UK Ltd.
Pitfield, Milton Keynes, MK11 3LW, UK
UKHW021032260726
13994UKWH00005B/2103